Gálatas

¿Caer de la gracia?

José Young

Ediciones Crecimiento Cristiano

Young, José

Gálata. - 1a ed. - Villa Nueva : Crecimiento Cristiano, 2010.

56 p. ; 21x14 cm.

ISBN 978-987-1219-27-8

1. Estudios Bíblicos. I. Título
 CDD 220.7

© 2011 **Ediciones Crecimiento Cristiano**
Título: Gálatas
Autor: José Young
Primera edición: 21/07/2010
ISBN: 978-987-1219-27-8
Clasificación: 1. Estudios Bíblicos. I. Título

Impreso en los talleres de
Ediciones Crecimiento Cristiano
Córdoba 419
5903 Villa Nueva, Cba.
Argentina
oficina@edicionescc.com
www.edicionescc.com

 IMPRESO EN ARGENTINA

Índice

Introducción

● Es posible caer de la gracia? Pues, aparentemente Pablo piensa
¿ que sí es posible (Gálatas 5.4). En pocas palabras, ese es el tema
del libro, el peligro de caer de la gracia, de "apartarse de Cristo"
(BE)
    Como consecuencia, Gálatas no es un libro fácil, pero es
impactante. La Historia nos cuenta que hombres como Martín
Lutero y John Wesley, fueron conmovidos por el libro. En un sentido
el mensaje de Pablo a los gálatas es sencillo de comprender, sin
embargo hay pasajes difíciles de interpretar y otros   muy
desafiantes. Habían llegado hombres a las iglesias de Galacia con un
mensaje diferente y peligroso. No solamente eso, sino que
cuestionaban el apostolado de Pablo y, como consecuencia, la
autoridad de su mensaje. Pablo reaccionó con preocupación, hasta
con frustración, porque estaba en juego la esencia misma del
evangelio. Era Pablo quien había llevado el evangelio a los hermanos
de Galacia (4.13), así que se conocían bien y él les podía hablar
francamente. Paso a paso, sin demasiado apuro,   intentemos
comprender este mensaje de Pablo, que no es solamente para las
iglesias de aquellos tiempos sino también para nosotros hoy.
    Voy a utilizar más de una versión de la Biblia en este estudio, y
recomiendo que tengan a mano más de una versión durante el
encuentro de grupo. Las versiones que puedo citar, con sus signos,
son las siguientes:

    RV = Reina Valera, versión 1995
    NVI = Nueva Versión Internacional
    BE = Biblia de Estudio (Dios Habla Hoy)

Gálatas 1.1-9

Pablo escribe a un grupo de iglesias (Nota 1): las de la provincia romana de Galacia. Es un área donde trabajó durante sus primeros viajes misioneros. Hechos 13, 14 y 16 nos relatan la historia y su Biblia seguramente tiene mapas de sus viajes.

1 Hay un grupo de cuatro iglesias que seguramente recibieron esta carta. ¿En cuáles ciudades estaban?

Al abrir nuestras Biblias en el libro de Gálatas, notamos desde un principio que es un libro particular.

2 Compare los primeros 6 versículos de Gálatas con los primeros 6 de Filipenses y de Colosenses. ¿Qué diferencia importante nota?

Aunque esta carta es, en parte, una acusación, también es una defensa. Pablo se proclama apóstol, aunque no era uno de los doce. Como consecuencia, algunos lo acusaban de ser un apóstol falso.

Veremos más de este tema en la última parte de este capítulo (Nota 2).

El v. 3 es una forma de bendición que encontramos cada tanto en las epístolas. Pero siempre tiene la forma "gracia y paz" y nunca "paz y gracia".

3 ¿Por qué?

En los vv. 4 y 5 Pablo repite lo que era siempre central en su pensamiento: el Cristo murió para rescatarnos. Esa fue la voluntad del Padre, y cumplir con esa voluntad le llevó a la cruz.

4 Pero si Cristo dio su vida para "rescatarnos de este mundo" (NIV), ¿cómo explica usted la realidad de que todavía estamos *en* este mundo, rodeados por él, atrapados por él?

Con el v. 6 Pablo va directamente al grano. Ciertas personas habían predicado otro mensaje y ellos lo habían aceptado. ¡Increíble! aclama Pablo, ¡imposible!

5 Pero el v. 6 también implica que "cambiar de evangelio" tiene una consecuencia seria. ¿Cuál es?

6 Al final, ¿puede haber "otro" evangelio o no? ¿"Tergiversar" (NVI) el evangelio es lo mismo que crear uno nuevo? ¿Qué opina usted?

El v. 8 es un llamado al discernimiento. Hablar de un "ángel del cielo" implica un predicador con mucha autoridad (Nota 3).

7 ¿Cómo, entonces, debemos escuchar a los predicadores o leer un libro? ¿Hay criterios que debemos aplicar? Explique.

En la versión RV, el v. 8 dice que la persona que traiga otro evangelio "sea anatema" y lo repite en el v. 9. La palabra es griega (*anáthema*) y significa "algo prohibido, condenado". Pablo usa la misma palabra en Romanos 9.3 ("separado", NVI) y en 1 Corintios 16.22 ("maldición", NVI).

8 No es fácil discernir la intención de Pablo. ¿Qué le parece? ¿Qué quiere decir o lograr con esa acusación?

En el versículo 10 Pablo probablemente se refiere a una acusación de los judaizantes: "Este Pablo predica un mensaje fácil, sin las tradiciones, para ganar a mucha gente. Quiere ser el gran predicador." Pero Pablo repite lo que ha dicho en muchas ocasiones: El siervo de Cristo busca agradar solamente a Cristo. Ahora vemos el motivo de la carta y Pablo nos dará más detalles en otros capítulos. Su acusación es fuerte y refleja no solamente la situación de aquella congregación, sino de muchas iglesias actuales.

Notas:

1 - Hay que recordar que en esa época de la vida de la iglesia, todas las congregaciones eran iglesias caseras y el conjunto de iglesias caseras en una ciudad era "la" iglesia de esa ciudad.

2 - Hechos 1.21, 22 y 26 dan razón porque Pablo, como apóstol, no era de los 12. El Nuevo Testamento menciona a otros en su categoría. Por ejemplo, Bernabé (Hechos 14.4, 14 NIV, RV)

3 – Llama la atención de que Pablo afirma que aun Satanás puede aparecer como "ángel de luz" (2 Corintios 11.14).

Gálatas 1.10-24

Desde el capítulo 1 versículo 10 hasta la primera parte del capítulo 2, Pablo se ocupa de defender su autoridad como apóstol (Nota 1). Aparentemente los que traían el "evangelio diferente" lo podía imponer con el argumento de que Pablo no era un apóstol verdadero y, como consecuencia, su evangelio no era verdadero.

Pablo defiende la acusación de los versículos 6 a 9 con el versículo 10.

1 Pero ¿no es el v. 10 una contradicción a lo que dijo en 1º Corintios 10.33? Explique.

2 Si nuestro deseo fuera presentar el evangelio para agradar a la gente, ¿de qué manera sería diferente?

Su primer planteo es que no recibió el mensaje del evangelio de ninguna persona sino por revelación directa de Dios (Nota 2). Se puede bosquejar su argumento en estos versículos en tres partes.

❶ Versículos 13 y 14

3 ¿Por qué hace este énfasis en su pasado? ¿Qué tiene que ver con lo que busca comprobar?

❷ Versículos 15 a 17

4 ¿Qué destaca en estos versículos?

Pero Pablo ya conocía bien quién era Jesús. ¡Es por esa misma razón que perseguía a los cristianos! (Nota 3)

5 ¿Cómo puede decir, entonces, que Dios le reveló a su Hijo?

6 En estos versículos Pablo es especialmente insistente (v. 20). ¿Cuál puede ser la razón?

Aunque Pablo era conocido en Jerusalén, los creyentes en los otros pueblos de la provincia no lo conocían (v. 22). (Nota 4)

7 Sin embargo, ¿de qué manera los vv. 23 y 24 confirman que Pablo predicaba el evangelio verdadero?

8 En forma resumida, ¿cuál es el argumento de Pablo hasta aquí?

Notas

1 - Para el judío, la palabra "apóstol" tenía un significado claro. Era un mensajero especial, en una categoría especial, con una autoridad y una comisión que venían de una autoridad más alta que él mismo.

2 – Seguramente se refiere a su encuentro con Cristo relatado en Hechos 9.1-19. Y es muy posible que Dios haya seguido enseñándole durante su estadía en Arabia (v. 17). Ver, por ejemplo, 2° Corintios 12.1-4.

3 - Como fariseo en Jerusalén, Pablo habrá seguido de cerca toda la información que llegaba acerca de Jesús. Algunos eruditos piensan que es muy probable que haya encontrado y escuchado a Jesús alguna vez, por lo menos cuando estuvo en Jerusalén antes de su crucifixión.

4 - La historia que Pablo describe en estos versículos no concuerda fácilmente con Hechos 9. Pero es necesario recordar que el libro de los Hechos es más bien un resumen y hay muchos detalles de esa historia que no menciona.

Gálatas 2.1-10

Si Pablo afirmaba ser apóstol, como consecuencia de esto su relación con los doce era un tema clave. En el primer capítulo Pablo defendió el evangelio que predicaba como una revelación directa de Dios.

1 ¿Por qué, entonces, fue a Jerusalén para explicar su mensaje? ¿Habrá tenido dudas? (Nota 1)

En el libro de Los Hechos vemos que muchos judíos del sector más conservador aceptaron el evangelio. Por ejemplo, los fariseos (Hechos 15.5), los sacerdotes (Hechos 6.7) y hombres celosos de la ley (Hechos 21.20).

2 Habían aceptado el evangelio. ¿Por qué, entonces, Pablo los llama "falsos" hermanos (versículo 14)? ¿Será que nunca se convirtieron o sucedía otra cosa?

3 ¿Qué significa el hecho que Tito no fue obligado a circuncidarse? Note el contraste con Hechos 16.1-3.

Los intrusos en las iglesias de Galacia querían que las iglesias se sometiesen a la ley, pero, como argumenta Pablo más adelante en esta carta, vivir bajo la ley es vivir en la esclavidad. (Nota 2)

Cuando Pablo habla de los dirigentes de la iglesia de Jerusalén, cuatro veces los califica con el término "reconocidos" (NVI), aunque la RV dice "tenían cierta reputación (Nota 3). La traducción de la RV parece expresar duda. El verbo griego (dokéo) significa "parecer, ser reconocido, tener reputación".

4 ¿Le parece que Pablo dudaba de la autoridad de ellos o cuestionaba su posición en la iglesia? ¿Qué opina usted?

Les "dieron la mano" a Pablo y Bernabé, que en su sociedad era una indicación de amistad y confianza.

El versículo 7 habla del "evangelio de la circuncisión" y el "evangelio de la incircuncisión" (RV), o como dicen otras versiones:

gentiles y judíos.

5 ¿Qué le parece? ¿Se puede hablar de "dos evangelios"? Explique.

Se deduce, de estos versículos, que había por lo menos dos grupos en la iglesia de Jerusalén. Entre ellos, aparentemente, no había tensiones, pero cuando el evangelio penetró al mundo no judío, los conflictos brotaron.

En un sentido el acuerdo entre Pablo y los dirigentes era una separación. Pero se pusieron de acuerdo en una cosa: la ayuda a los pobres. Era un tema especialmente importante, y vemos varias referencias en el Nuevo Testamento de la pobreza de los creyentes de Jerusalén.

Pablo inserta este episodio (versículos 1-10) en su carta a propósito. Era parte de su argumento a las iglesias de Galacia.

6 ¿Cuál, en esencia, debe haber sido su propósito al incluir esta parte?

Notas

1 - Es muy probable que este viaje a Jerusalén es el descrito en Hechos 11.27-30. La visita de Hechos 15 era pública; ésta era

privada (versículo 2).

2 - Hay que ver la situación desde el punto de vista de los judaizantes: la ley de Moisés era su tesoro, la raiz de su fe. Para ellos, circuncidarse era enriquecer su vida espiritual. En este sentido eran sinceros, pero estaban errados.

3 - Son los versículos 2, dos veces en el versículo 6 y el versículo 9.

Gálatas 2.11-21

No sabemos bien cuándo Pedro visitó Antioquía, pero aparentemente la iglesia estaba bien establecida en ese tiempo. Vemos que no era una visita corta, ya que había pasado algún tiempo antes de que llegasen "algunos de parte de Jacobo" (v. 12).

Ya vimos que había un grupo de creyentes simpatizantes de la ley en la iglesia de Jerusalén. Jacobo sabía que los que estaban creando el problema en Antioquía eran de su iglesia, pero negó que los hubiera enviado (Hechos 15.24).

El tema crítico era comer con los gentiles, algo prohibido por la tradición judía. Que Pedro hubiera sido arrastrado por los visitantes no es una gran sorpresa, conociéndole a él. Y hay que recordar que en los primeros años de la iglesia se celebraba la Cena del Señor durante una cena de la comunidad (1 Corintios 11.17-22).

1 Explique el gran peligro que significaba para la iglesia esa actitud de Pedro.

Pedro cedió a la opinión (o tal vez insistencia) de los visitantes (Nota 1).

2 ¿Ha visto algo similar en nuestras iglesias? ¿Puede dar un ejemplo?

No sabemos si Pablo terminó su exhortación a Pedro en el versículo 14 o no. De todos modos, desde el versículo 15 en adelante propone la base teológica de su argumento, un argumento no siempre obvio para nosotros hoy.

En el versículo 17 Pablo, hablando como judío a judíos, afirma que, al buscar la justificación en Cristo, se reconoce que uno es pecador. Pero sigue esa afirmación con una pregunta.

3 Explique como podria Cristo "estar al servicio de pecado" (NVI) o ser "ministro del pecado" (RV)

4 Pablo niega esa posibilidad, pero ¿qué quiere decir en el versículo 18?

Al versículo 20 lo citamos a menudo, sin embargo, muchas veces es más una aspiración que una realidad en nuestras vidas. Pablo dice que había muerto a la ley (19) y que había sido crucificado con Cristo (20).

5 ¿Qué quiere decir Pablo con esto?

→ ¿Implica que se sentía perfecto?

→ ¿Lo puede decir usted? ¿Por qué?

6 ¿Cómo sabemos que el versículo 21 es cierto?

Con este capítulo Pablo termina su argumento basado en la experiencia, en el pasado. En un sentido, podría haber terminado su carta aquí, pero la gravedad de la situación en las iglesias de Galacia le preocupaba tanto que sigue con una nueva sección de su libro: el argumento basado en la teología.

7 ¿Puede resumir el argumento de Pablo hasta aquí? ¿Cuáles son sus puntos principales?

Notas

1 - Según Hechos 10, Pedro debía haber sabido mejor. Note 10.28 y también la acusación en 11.3.

Gálatas 3.1-14

Desde el comienzo de este capítulo, Pablo respira frustración (Nota 1). Con una serie de seis preguntas, reclama: "¿Cómo puede ser? ¿Cómo puede ser que alguien les haya atrapado con sus palabras lindas?" Si bien Pablo habló de su propia experiencia en los primeros dos capítulos, ahora se refiere a la experiencia de ellos.

1 ¿Cuáles aspectos de su experiencia debían haber recordado?

2 ¿Por qué esos aspectos contradecían la nueva posición que habían tomado?

Esencial a su experiencia era la recepción del Espíritu Santo. Comenzaron su vida con la presencia y obra del Espíritu. El peligro era no darle el mismo lugar en su vida cristiana.

3 Supongamos que usted fuera miembro de una de las iglesias que recibieron esta carta. ¿Cómo hubiera respondido a las preguntas de Pablo?

➔ v. 1

➔ v. 2

➔ v. 3

➔ v. 3

➔ v. 4

➔ v. 5

4 Si el versículo 4 se refiere a alguna persecusión por haber aceptado el mensaje, ¿por qué puede haber sido "en vano", o "por nada"? (Nota 2)

Los judíos afirmaban tener un padre, Abraham (Juan 8.39). Y era cierto que el pueblo de Israel tenía su origen en Abraham pero, como insistió Pablo, el tema de nuestra posición delante de Dios es mucho más que una cuestión de sangre.

5 Note el versículo 6. Busque esa cita en el Antiguo Testamento. ¿Qué es lo que creyó Abraham para que fuera tomado como justicia?

Es Abraham quien recibió un anticipo del evangelio, y así como Abraham, el futuro pueblo de Dios es un pueblo de fe.

Los pertubardores hubieran dicho que el tema no es Abraham, sino la ley de Dios que fue dada mucho después de Abraham. Para agradar a Dios era necesario guardar su ley.

Los gentiles, por no cumplir la ley, caían bajo la condenación de Dios, la maldición de Dios. Vemos esa actitud en Juan 7.49. Pero Pablo dice que no, al contrario, son los que viven bajo la ley que están en peligro.

6 ¿Implica el versículo 10 que de todos los judíos, ninguno ha sido justificado?

Es importante reconocer el pasaje que Pablo cita en el versículo 13. Se entiende su propósito a la luz del contexto de ese pasaje.

7 Según Deuteronomio 21.22 y 23,¿qué quiere decir Pablo en el versículo 13?

8 ¿A qué quiere llegar Pablo con los versículos 7 a 14 como parte de su advertencia a las iglesias de Galacia?

Notas
1 - Los acusa con una palabra fuerte (v. 1). La NVI dice "torpes", la RV "insensatos". Significa "estúpidos".

2 - Los comentaristas reconocen que una posible traducción de este versículo es "¿Han tenido experiencias tan grandes en vano?" Pero esa posibilidad no cambia la pregunta.

Gálatas 3.15-25

Los hombres que llegaron a Galacia desde Jerusalén afirmaban que, para ser un verdadero hijo de Dios, era necesario seguir la ley de Moisés. Pero Pablo insistía que no, que la vida del nuevo pueblo de Dios se basaba en la promesa de Dios a Abraham. Pablo sigue su argumento con un ejemplo legal. La palabra "pacto" (NVI, RV) es la misma que significa "testamento', es decir, el documento que describe la herencia de una persona al momento de su muerte (Nota 1).

El planteo de Pablo es sencillo: la ley no podía anular el pacto/testamento.

1 Pero ¿por qué? ¿Qué tiene esta promesa, que viene en forma de testamento, para que no puede ser modificada?

2 ¿Qué añade Hebreos 9.15-21 al argumento de Pablo?

Dios justificó a Abraham por su fe antes de dar la ley al pueblo. Y, como afirma en 3.9, todos los que viven por fe reciben la misma bendición que recibió Abraham.

Sin embargo, la ley fue introducida.

3 ¿No hubiera sido mejor no introducir la ley? Si la promesa ya existía, tendría que haber sido suficiente. ¿Qué opina usted?

El versículo 20 es uno que ha dejado frustrados a los comentaristas.

4 Busque este versículo en todas las versiones de la Biblia que pueda. ¿Cómo lo entiende usted?

Pablo insiste en Romanos 7.14 que la ley es "santa, y que el mandamiento es santo, justo y bueno". Sin embargo, no era capaz de dar vida.

5 Piénselo bien. ¿Puede haber una ley que lleve a una persona a la vida? ¿Cómo sería?

En los versículos 23 a 25 Pablo toca un tema que desarrollará más ampliamente luego en su carta. Dice que la ley es como una guía que conduce a Cristo.

6 ¿De qué manera la ley puede llevar a una persona a Cristo?

John Stott, en su comentario sobre Gálatas (Nota 2), aclara la diferencia esencial entre la ley y la promesa:

¿Cuál es la diferencia entre las dos? En la promesa Dios dijo "Haré... Haré...Haré...", pero en la ley de Moisés Dios dijo "Harás... No harás".

Notas

1 - En Génesis, la palabra "descendencia", es singular, pero se usa en sentido colectivo, es decir, para referirse al pueblo de Israel. Así Pablo, al estilo de los maestros judíos, la puede utilizar correctamente en singular.

2 - Traducido de "The Message of Galatians", John R. W. Stott, Inter-Varsity Press, London, p. 86.

Gálatas 3.26-4.11

Pablo insiste, y apoya su afirmación con varios argumentos, que si somos hijos de Dios, es por la fe. Quiere que los que han intentado incorporar la ley entren en razón. En el versículo 27, Pablo utiliza dos figuras para describir nuestra relación con Cristo (Nota 1).

1 Según Romanos 6.1-4 (especialmente la versión RV), a que se refiere Pablo aquí cuando habla de ser bautizados "en" Cristo?

La figura "vestirse" o "revestirse" se repite varias veces en las cartas de Pablo (Nota 2).

2 Según los siguientes pasajes que utilizan la misma figura, ¿qué significa "revestirse de Cristo? Romanos 13.14; Colosenses 3.9-14.

El versículo 3.28 afirma una de las verdades claves del evangelio. Delante de Dios no existen diferencias de raza, de sexo o de posición social o económica. Todos tenemos el mismo acceso a Dios y todos tenemos los mismos privilegios.

3 Aunque es cierto que tenemos la misma posición delante de Dios, las Escrituras indican diferencias en nuestras relaciones humanas. ¿Puede nombrar algunas de ellas?

Hasta ahora Pablo ha centrado su argumento en la persona de Abraham y su relación con la ley. Y agrega que si somos "descendientes" de Abraham por la fe, entonces somos herederos de la promesa (3.29).

Reconocemos, como afirma en 4.1-2, que un niño puede ser el heredero de una empresa familiar, una estancia o aun el trono. Sin embargo, está sujeto a otros hasta el momento asignado. Pablo, hablando como judío, dice que de la misma manera la ley los tenía sujetos.

Pero llegó el momento de la liberación, cuando se cumplió el plazo fijado por Dios. La solución era, por supuesto, su Mesías, su Hijo.

4 ¿Por qué es importante (v. 4) que Pablo dijera que Dios había enviado a su Hijo:

➜ nacido de mujer?

➜ nacido bajo la ley?

Note que aun el judío no es "hijo de Dios" por nacimiento. Somos hijos por adopción. Y como hijos tenemos el derecho de llamarle "Padre" a Dios (Nota 3). Los judíos no se atrevían a llamarle "Padre" a Dios (note Juan 8.39 y 19.7), pero los adoptados tenemos el privilegio.

De nuevo Pablo habla de la esclavitud, pero ¿esclavitud de qué? En el versículo 9 habla de "principios" (NVI), "pobres rudimentos" (RV).

5 En base a lo que dice Pedro aquí, y Pablo en Colosenses 2.8, 20, ¿qué son esos "principios"?

Ahora, Pablo en su frustración, pregunta: ¿Cómo pueden regresar a guardar las prácticas del pueblo judío?

6 ¿Qué aprendemos de esas prácticas en Colosenses 2.20-23?

Con un argumento detras de otro Pablo intenta convencer a los gálatas de su error. Obviamente está muy preocupado por ellos.

7 ¿Cuál es ese "temor" que menciona en el versículo 11?

Notas

1 - Por supuesto, fuimos bautizados en agua, pero el acto es una dramatización, una figura, de nuestra relación con Cristo.

2 - Según los historiadores y algunos cuadros antiguos, los primeros cristianos literalmente se desvistieron, fueron bautizados y se vistieron de nuevo, muchas veces con ropa blanca.

3 - La palabra "Abba" en el versículo 6 es aramea. En los tres lugares donde aparece en el Nuevo Testamento está seguida por la palabra "padre" en griego (abba - pater). Era la palabra que utilizaban los hijos para su padre, aunque también los judíos a veces llamaban "abba" a sus rabinos, sus maestros.

Gálatas 4.12-20

Pablo apela de nuevo a la experiencia. Note como la NVI traduce el versículo 12:

"Hermanos, yo me he identificado con ustedes. Les suplico que ahora se identifiquen conmigo."

1 ¿De qué manera se hubiera identificado Pablo con ellos?

2 ¿Qué identificación pide Pablo de parte de ellos?

Pablo dice que se quedó con ellos a causa de una enfermedad y, como consecuencia, les predicó el evangelio, aunque Lucas no lo menciona en el libro de Los Hechos.

3 En base a este pasaje de Gálatas, Gálatas 6.11 y Hechos 23.1-5,¿cuál puede haber sido la enfermedad de Pablo? (Nota 1)

Sin embargo, a pesar de eso, le recibieron bien.

Pablo dice que los intrusos en Galacia no tenían buenas intenciones. Profesaban un celo por la ley de Dios, pero Pablo sospechaba que, además, había otro motivo.

4 ¿Qué opina usted?

Parece un poco exagerado cuando Pablo dice que los de Galacia le recibieron "como un ángel de Dios, como si se tratara de Cristo Jesús." (v. 14 NVI) Sin embargo, ahora es "enemigo" de ellos (v. 16).

5 ¿Implica esto una falta de sinceridad de parte de ellos, o qué cosa?

En esta carta Pablo expresa sus sentimientos abiertamente.

6 ¿Qué sentimientos describe Pablo en:

→ 1.6?

→ 3.1?

→ 4.19?

Con estos versículos Pablo termina su apelación a su experiencia mutua. De nuevo, con el versículo 21, regresa a sus argumentos teológicos.

Notas
1 - Pablo posiblemente se refiere a lo mismo en 2 Corintios 12.7.

Gálatas 4.21-31

En este párrafo Pablo nos presenta una alegoría, es decir, describe una realidad espiritual utilizando un incidente histórico. Es una manera de argumentar muy común entre los judíos, pero tiene sus peligros (Nota 1).

Ya vimos que Dios prometió un hijo a Abraham, y la promesa se cumplió con el nacimiento de Isaac. Pero la realidad es que Abraham tuvo dos hijos, y de ese hecho viene el argumento de Pablo. Pero, para seguir su argumento, es necesario aclarar los detalles históricos.

1 Veamos primero Génesis 16.

➜ ¿Cuál fue el primer error de Sarai? (Nota 2)

➜ ¿Cuál fue su segundo error?

Génesis 16 nos ayuda a comprender el versículo 23 de nuestro estudio. Esa es la realidad histórica.

2 ¿Por qué Pablo dice que Agar representa al monte Sinaí? ¿Qué relación habrá? (Nota 3)

3 ¿Por qué compara Jerusalén con Agar?

Agar, Sinaí y Jerusalén. Los tres, según Pablo, representan la esclavitud, pero dice que hay una ciudad que representa la libertad.

4 ¿Qué aprendemos de esa ciudad en Hebreos 11.10, 12.22 y 13.14?

La cita del versículo 27 viene de Isaías 54. Isaías vivió en los años dramáticos cuando Israel llegó a su destrución como nación y fue llevada cautiva a Babilonia. Predice la destrucción de la nación, pero también su restauración. Busque Isaías 54.1-3.

5 ¿De qué trata ese pasaje?

6 ¿Qué relación puede tener esa cita de Isaías con el argumento de Pablo?

La segunda cita de Pablo (v. 30) también viene de Génesis. Es una adaptación de Génesis 21.8-12.

7 ¿Cuáles son las dos aplicaciones que Pablo saca de esa cita?

Es cierto, dice Pablo, que Abraham es el padre de una nación grande, pero la pregunta clave para los creyentes de Galacia es la siguiente: ¿Quién es nuestra madre? ¿Agar, la esclava, o Sara? ¿Somos hijos de la decisión humana o del cumplimiento de una promesa (v. 23)?

El versículo 31 es su conclusión.

Notas

1 - Todavía están los que utilizan este método, pero es una manera de interpretar las Escrituras que depende demasiado de la imaginación de la persona. Facilmente va más allá de lo que las Escrituras realmente dicen.

2 - Dios cambió su nombre a "Sara" en Génesis 17.15.

3 - Hay que recordar que Moisés recibió la ley en Sinaí (Éxodo 19).

Gálatas 5.1-12

Es necesario recordar que ésta es una carta y Pablo no insertó las divisiones que tenemos en nuestras Biblias, es decir, los versículos y capítulos. Así que el versículo 1 es la conclusión de la figura anterior.

1 "Cristo nos libertó para que vivamos en libertad" (v. 1, NVI) A la luz de los primeros capítulos de Gálatas, ¿qué es esa libertad?

Se ve que uno de los planteos de los legalistas era la necesidad de la circuncisión.

2 Busque Génesis 17.9-14. ¿Por qué era tan importante la circuncisión para el pueblo judío?

3 ¿Qué aclara Pablo sobre el tema en Romanos 2.25-29?

La circuncisión en sí no es nada especial. Es simplemente una pequeña operación quirúrgica. Sin embargo Pablo advierte que si ellos se circuncidan, la consecuencias serían muy graves.

4 ¿Cómo entiende usted las consecuencias según los versículos 2 y 4?

5 La pregunta clave es ésta: ¿Por qué las consecuencias son tan graves para los que se someten a la circuncisión? ¿Cuál es la razón "teológica"? (Nota 1)

En el versículo 6 Pablo usa la expresión "la fe que obra por el amor" (RV) o "la fe que actúa mediante el amor" (NVI).

6 ¿De qué manera "actúa" la fe?

7 En el versículo 9 Pablo utiliza un proverbio conocido en esa época. ¿Cuál puede ser su intención?

El versículo 11 da la impresión de que los judaizantes afirmaban que Pablo también predicaba la necesidad de la circuncisión. Pablo lo niega rotundamente. (Nota 2)

8 Busque este versículo en la versión RV.

➜ ¿Qué quiere decir Pablo cuando expresa "el escándalo de la cruz"?

➜ ¿Cómo entiende usted el argumento de Pablo en este versículo?

Pablo habla de las consecuencias graves de someterse a la circuncisión, y a la vez condena fuertemente a los judaizantes. El versículo 12 se refiere indirectamente a la práctica de algunos sacerdotes paganos que se castraron. Pablo utiliza un lenguaje parecido en Filipenses 3.2.

Pablo ha enfrentado la crisis en las iglesias de Galacia con una variedad de argumentos porque se trata de un tema de vida o muerte.

Notas
1 - Pablo es claro en 1 Corintios 7.17-20 cuando afirma que la circuncisión en sí no es el problema. No se debe intentar esconderla, ni buscarla. La razón en el caso de los gálatas es más profunda.

2 - Es posible que lo que hizo Pablo en Hechos 16.3 haya sido interpretado por algunos judíos de esa manera.

Gálatas 5.13-26

L a persona que vive bajo la ley está obligado a cumplir con toda esa ley. Es su amo. Pero la libertad, sin ciertos límites, puede ser peligrosa. Tal como la libertad de un pez tiene sus límites (el agua), también la libertad de los discípulos de Jesucristo los tiene.

1 ¿Cuáles tres límites tiene la libertad cristiana según

➜ 1 Corintios 6.12?

➜ 1 Corintios 6.12?

➜ 1 Corintios 10.23, 24?

En el versículo 14 Pablo repite la "regla de oro" de la vida cristiana y luego, en el capítulo 6, ofrece pautas acerca de cómo practicarla.

2 ¿Cuál puede haber sido el motivo para la advertencia del versículo 15?

Comenzando con el versículo 16, Pablo describe un conflicto que todos vivimos, y todos, en un momento de la vida, podemos exclamar como Pablo:

"No entiendo lo que me pasa, pues no hago lo que quiero, sino lo que aborrezco." (Romanos 7.15)

La gran mayoría de nosotros sabemos mucho más de lo que practicamos.

En el versículo 16 Pablo dice, literalmente, que debemos "andar en el Espíritu" (RV).

3 ¿Cómo se hace eso? ¿Qué es "andar en el Espíritu"?

Entendemos bien la lista de características de la vida "natural" en los versículos 19-21. Abundan los ejemplos en la TV, el cine, los periódicos, los vecinos. El problema es que a veces las mismas cosas se ven entre nosotros, los discípulos de Jesucristo, y según Pablo, una persona que practica tales cosas no puede heredar el reino de Dios (v. 21).

4 ¿Cómo entendemos esta advertencia en el caso de un creyente?

Luego Pablo pinta un cuadro de cómo debemos ser. ¡Qué privilegio sería vivir rodeado por personas así! Pero, y creo que hablo por usted también, sentimos que nos falta mucho.

Note que Pablo no habla de la "obra" del Espíritu, sino del "fruto" del Espíritu.

5 No es lo mismo. ¿Por qué?

Pablo en el versículo 24 dice que los que son de Cristo "han crucificado la carne" (RV).

6 ¿Qué es "crucificar la carne"? ¿Cómo lo hacemos?

El problema es que muchos de nosotros sentimos que esa "naturaleza pecaminosa" (NVI) sigue con demasiada vida. Debe ser crucificada. Sin embargo, reconocemos que fallamos.

7 ¿Qué debemos hacer frente a esta situación?

Note como la versión NVI traduce el versículo 26:

"No dejemos que la vanidad nos lleve a irritarnos y a envidiarnos unos a otros."

8 En base a lo que vamos estudiando, ¿cuál puede ser la causa de esa "vanidad"?

"Les hablo así, hermanos, porque ustedes han sido llamados a ser libres; pero no se valgan de esa libertad para dar rienda suelta a sus pasiones. Más bien sírvanse unos a otros con amor." (5.13)

Gálatas 6.1-10

El "vivir por el Espíritu" (versículo 17) es una vida en comunidad y con responsabilidades. El primer versículo comienza con una de esas responsabilidades.

1   ¿Qué es "restaurar" a un hermano? ¿Qué se hace?

Pablo dice que la tarea no es para todos, sino para "los que son espirituales".

2   ¿Quiénes son esas personas?

Con la exhortación Pablo incluye una advertencia, parecida a la de 1 Corintios 10.12 y apropiada para "los que se sienten espirituales".

3 Cuando Pablo dice que se debe ayudar a otros a "llevar sus cargas" (v. 2), ¿a qué cargas se refiere?

4 Al hacer eso, afirma Pablo que estamos cumpliendo la ley de Cristo. ¿Cuál ley?

En el versículo 3 Pablo sigue con su preocupación anterior: el peligro de la soberbia, de pensarnos mejores que los demás.

5 ¿Cómo podemos saber si estamos engañándonos a nosotros mismos?

6 De nuevo en el versículo 5 Pablo habla de llevar cargas. ¿A qué cargas se refiere esta vez?

El versículo 7 se refiere a un principio que tiene que ver con todas las esferas de la vida. No hay excepciones.

7 ¿Qué es sembrar para la "carne" (RV) o "naturaleza pecaminosa" (NVI)?. Dé ejemplos.

8 ¿Qué es sembrar para el Espíritu? ¿Ejemplos?

Pablo termina el mensaje de su carta con el versículo 10; en el versículo 11 comienza su conclusión.

Hay que aprovechar las oportunidades. En la medida en que dependa de nosotros, debemos hacer el bien. Es un consejo similar al de Romanos 12.18: En la medida que dependa de nosotros, debemos vivir en paz con todos, pero observe que Pablo hace una distinción entre "todos" y "la familia de la fe".

9 ¿Cómo aplicamos esa distinción al hacer bien?

Gálatas 6.11-18

L legamos a la última parte de la carta de Pablo. Comienza con un comentario personal, pero en seguida regresa al tema. Cuando examinamos las cartas de Pablo nos damos cuenta de que muchas fueron dictadas. Muchas veces el secretario agregaba su saludo personal (Romanos 16.22) y otras veces Pablo añadia un saludo (Colosenses 4.18).

Aquí Pablo dice que escribe con letra grande. Tal vez lo hizo para destacar su saludo personal, o tal vez por el problema de vista que mencionamos en 4.12-20.

En el versículo 12 habla de los judaizantes que habían creado una situación peligrosa en la iglesia. Pablo dice que lo hacian para "dar una buena impresión y evitar ser perseguidos" (NVI) o "quedar bien con la gente y no ser perseguidos" (BE). Es importante recordar que fueron recibidos como hermanos por la iglesia.

1 ¿Con quiénes pueden haber deseado quedar bien y de dónde viene la posibilidad de persecusión?

2 Si ellos mismos no cumplían con la ley (v. 13), ¿qué motivo pueden haber tenido para imponer la ley a otros?

El enfoque de Pablo es bien claro (v. 14), y lo repite vez tras vez en sus cartas. Lo vimos ya en 2.20.

Vemos en el mundo cristiano actual que hay una multitud de variaciones del evangelio.

3 Si usted tiene que trazar una línea y decir: "hasta aquí y no más", ¿cuáles verdades son las intocables, las que no se pueden cambiar?

Los comentaristas no están de acuerdo con el significado de la expresión "Israel de Dios" en el versículo 16. Algunos piensan que se refiere al pueblo judío, otros a la iglesia en su totalidad (note, por ejemplo, Efesios 2.14). (Nota 1)

4 ¿Cuál le parece más apropiado y por qué?

5 ¿A qué se refiere Pablo cuando habla de "las cicatrices de Jesús" (NVI) o "las marcas del Señor Jesús" (RV)?

6 ¿Qué frase escogería usted de esta parte que mejor resume el mensaje de Pablo en esta carta?

Notas

1 - Esta frase de Pablo no es fácil de interpretar. Hay que tomar en cuenta su argumento en esta carta y pasajes como Filipenses 3.2-3 y Romanos 11.25-27.

Cómo utilizar este cuaderno

Este cuaderno es una *guía de estudio*, es decir, su propósito es guiarle a usted para que haga su propio estudio del tema o libro de la Biblia que desarrolla este material. El cuaderno propone un diálogo. En él introducimos el tema, sugerimos cómo proceder con la investigación, comentamos, pero también preguntamos. Los espacios después de las preguntas son para que usted anote sus respuestas.

Esperamos que, por medio del diálogo, le ayudemos a forjar su propia comprensión del tema. No de segunda mano, como cuando se escucha un sermón, sino como fruto de su propia lectura e investigación.

¿Cómo hacer el estudio?

1 - Antes de comenzar, ore. Pida ayuda a Dios para que le hable y le dé comprensión durante su estudio.

2 - Debe leer los pasajes bíblicos más de una vez y preguntarse: ¿Qué dice el autor? Aunque muchos utilizan la "Versión Reina-Valera" de la Biblia, conviene tener otra versión (o versiones) disponible para comparar los pasajes. La "Versión Dios Habla Hoy", la "Nueva Versión Internacional", etc. le pueden ayudar a ver el pasaje con más claridad.

3 - Siga con la lectura de la lección. Responda lo mejor que pueda a las preguntas.

4 - Evite la tendencia de apurarse para terminar. Es mejor avanzar lentamente, pensando, preguntando, aclarando.

En grupo

El estudio personal es de mucho valor, pero se multiplican los beneficios si lo acompaña con el estudio en grupo. Un grupo de hasta ocho personas es lo ideal. Pero, puede ser que por diferentes motivos el grupo esté formado por usted y una persona más; aun así, es mejor que estudiar solo.

En realidad, estos cuadernos han sido diseñados con ese motivo:

estimular el estudio en células, en grupos pequeños. La manera de hacerlo es fácil:

1 – **Haga en forma personal una de las lecciones del cuaderno**. Aun cuando pueda haber cosas que no entienda bien, haga el mayor esfuerzo posible para completar la lección.

2 - **Luego reúnase con su grupo**. En el grupo compartan entre todos las respuestas a cada pregunta. Puede ser que no tengan las mismas respuestas, pero, comparando entre todos, las van aclarando y corrigiendo.
En este compartir semanal de una hora y media, este diálogo entre todos, se encuentra la verdadera riqueza que nos provee esta forma de estudio.

3 - **Evite salirse del tema**. El tiempo es oro, y lo más importante es enfocar todo el esfuerzo del grupo en el tema de la lección. Luego, pueden dedicar tiempo para conocerse más y tener un rato social.

4 - **Participe**. Todos deben participar. La riqueza del trabajo en grupo es justamente eso.

5 - **Escuche**. Hay una tendencia de apurar nuestras propias opiniones sin permitir que el otro termine. Vamos a aprender de cada uno, aun de los que, según nuestra opinión, estén equivocados.

6 - **No domine la discusión**. Puede ser que usted tenga todas las respuestas correctas, sin embargo es importante dar lugar a todos y estimular a los tímidos a participar. No se trata de sobresalir, sino de compartir aprendiendo juntos.

Si en el grupo no hay una persona con experiencia en coordinarlo, se puede encontrar ayuda para dirigir un grupo en:

1 - Nuestra página web, www.edicionescc.com. La sección "Capacitación" ofrece una explicación breve del método de estudio.

2 - Las últimas páginas de nuestro catálogo ofrecen también una orientación.

3 - El cuaderno titulado "Células y otros grupos pequeños" es un curso de capacitación para los que desean aprender a coordinar un grupo.

4 - Algunas guías disponen de un cuaderno de sugerencias para el coordinador del grupo.

Finalmente diremos que las guías no contienen respuestas a las preguntas, ya que el cuaderno es exactamente eso: una guía, una ayuda para estimular su propio pensamiento, no un comentario ni un sermón. Le marcamos el camino, pero usted lo tiene que seguir.

Que el Señor lo acompañe en esta tarea y, si necesita ayuda, comuníquese con nosotros. Estamos para servirle.

Se terminó de imprimir en los
Talleres Gráficos de
Ediciones CC
Córdoba 419 - Villa Nueva, Pcia de Córdoba
Octubre de 2013
IMPRESO EN ARGENTINA

CPSIA information can be obtained
at www.ICGtesting.com
Printed in the USA
BVHW031433020922
646148BV00008B/298